VENTE

Du Jeudi 5 Mars 1903

HOTEL DROUOT, SALLE N° 6

à deux heures et demie

TABLEAUX

ANCIENS ET MODERNES

COMMISSAIRE-PRISEUR

M° PAUL CHEVALLIER

10, rue Grange-Batelière

EXPERT

M. JULES FÉRAL

54, faubourg Montmartre

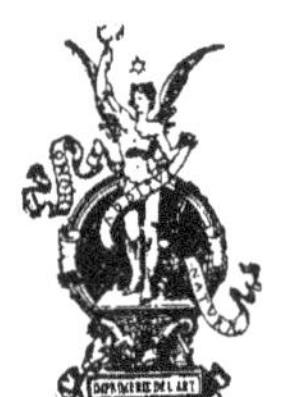
IMPRIMERIE DE L'ART

CATALOGUE

DE

TABLEAUX

ANCIENS ET MODERNES

PAR

S. BELLE, BOILLY, BREYDEL, LAMBRECHTS, NATOIRE, PEDRINI, PRUD'HON
RAOUX, S. RICCI, TOURNIÈRES, ETC.
BASTIEN LEPAGE, CAZIN, N. DIAZ, JULES DUPRÉ, ETC.

Œuvre importante de Jan Van GOYEN

BEAU PRIMITIF ATTRIBUÉ A GÉRARD DAVID

PANNEAUX DÉCORATIFS

PLAFOND, par Henri LÉVY

AQUARELLES ET DESSINS

PAR

BINET, ROSA BONHEUR, L. DAVID, DELAFOSSE, LEMOINE,
PILLEMENT, RANSON, ETC.

Provenant de la Collection d'un Amateur

Et dont la vente aura lieu, à Paris

HOTEL DROUOT, SALLE N° 6

Le Jeudi 5 Mars 1903

A 2 HEURES 1/2

COMMISSAIRE-PRISEUR

Mᵉ Paul CHEVALLIER

10, rue de la Grange-Batelière

EXPERT

M. Jules FÉRAL

54, rue du Faubourg-Montmartre

EXPOSITION PUBLIQUE

Le Mercredi 4 Mars 1903, de 1 heure 1/2 à 5 heures 1/2

CONDITIONS DE LA VENTE

Elle se fera au comptant.

Les acheteurs paieront dix *pour cent* en sus des enchères.

L'exposition a mis le public à même de se rendre compte de l'état et de la nature des objets, il ne sera admis aucune réclamation une fois l'adjudication prononcée.

Paris. — Imprimerie de l'Art, E. Moreau et Cie, rue de la Victoire.

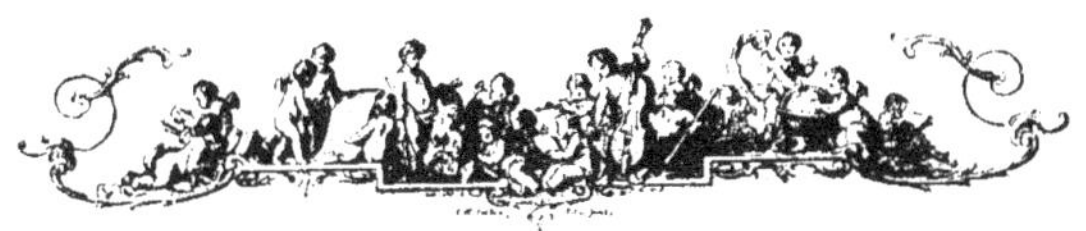

DÉSIGNATION

AQUARELLES
ET DESSINS

BINET

1 — *Le Galant chasseur*.

Jolie composition gravée.
Signée à gauche.
Dessin au lavis d'encre de Chine.

BONHEUR
ROSA

2 — *Animaux au repos*.

Crayon noir.
Signé et daté 1864.

CONDITIONS DE LA VENTE

[illegible]

1. Il sera payé dix pour cent en sus des enchères.

L'exposition mettant à même de se rendre compte de l'état et de la nature des objets, il ne sera admis aucune réclamation une fois l'adjudication prononcée.

Paris — Imprimerie de l'Art, E. Moreau et Cie, place de la Victoire.

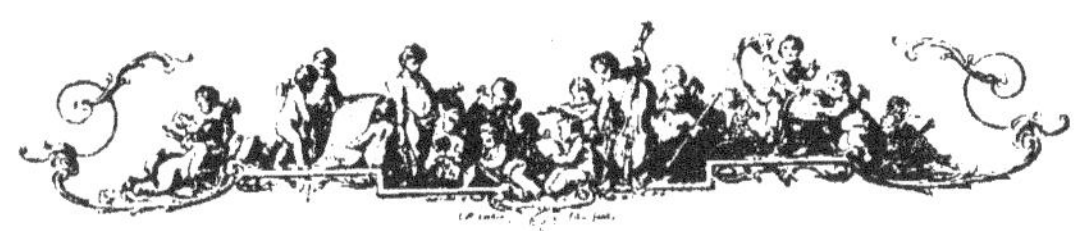

DÉSIGNATION

AQUARELLES
ET DESSINS

BINET
(L..)

1 — *Le Galant chasseur.*

Jolie composition gravée.
Signée à gauche.
Dessin au lavis d'encre de Chine.

BONHEUR
ROSA

2 — *Animaux au repos.*

Crayon noir.
Signé et daté 1864.

BOUCHER

(Attribué à F.)

3 — *Paysanne étendant du linge près d'une construction rustique.*

Dessin à la pierre d'Italie.

DAVID

(LOUIS)

4 — *Deux Études pour le Serment du Jeu de Paume :*

L'une, au lavis d'encre de Chine.
L'autre, au crayon noir et à la plume.
Cadre en bois sculpté.

DAVID

(LOUIS)

5 — *Étude de différents personnages pour le tableau du Sacre.*

Dessin à la mine de plomb.

DAVID

(LOUIS)

6 — *Autre Étude de différents personnages pour le tableau du Sacre.*

Croquis au lavis d'encre de Chine.

DELAFOSSE

7 — *Brûle-Parfum.*

Vase monté sur trois pieds à sabots de chèvre, décoré d'un tore et de guirlandes de lauriers, de godrons, de losanges et de palmettes.
Signé à droite : *De La Fosse, fecit.*
Beau dessin à la sépia.

GROS

(Le Baron)

8 — *Portrait présumé de Châteaubriand enfant.*

Lavis d'encre de Chine rehaussé de blanc, sur papier bleu.

(Provient de la succession du baron Hyde de Neuville.)

INGRES

(Attribué à)

9 — *Figure allégorique.*

Dessin au bistre.
Signé.
Dédié à Mlle Hélène Palafox.

LEMOINE

10 — *Portrait de Jeune Homme.*

Représenté dans un médaillon, en buste, de trois quarts à gauche.

Joli dessin au crayon noir, avec encadrement au lavis d'encre de Chine.

PEYROTTE

11 — *Composition décorative.*

Motif rocaille offrant dans le cadre d'une coquille un paysage en camaïeu et agrémenté de guirlandes de fleurs, de bouquets de fruits, de feuillages et d'un cygne déployant ses ailes au sommet de la composition.

Aquarelle.

PILLEMENT

(JEAN)

12 — *Projet de fontaine.*

Des enfants jouent avec un dauphin, sur un rocher
orné de coquilles recevant des chutes d'eau.
Charmant dessin à la pierre d'Italie.
Signé et daté 1768.

PILLEMENT

(DEUX PENDANTS)

13-14 — *Paysages agrestes avec rochers, Cours
d'eau et Personnages.*

Dessins au crayon noir.
Cadres en bois sculpté.

PRUD'HON

(PIERRE-PAUL)

15 *Étude d'une figure de femme drapée et re-
présentant l'Art du Dessin.*

Beau dessin au crayon noir, rehaussé de blanc.

(*Vente Camille Marcille.*)

PRUD'HON

(Attribué à PIERRE-PAUL)

16 — *Jeux d'Amours.*

> Dessin en forme de frise, au crayon noir rehaussé de blanc, sur papier bleu.
> Cadre en bois sculpté.

RANSON

17-18-19 — *Trophées relatifs à la Peinture, à la Musique ou aux plaisirs champêtres.*

> Trois jolies compositions d'attributs mêlés de fleurs et de fruits.
> Aquarelles.

RANSON

20 — *Trophées de Musique, de Pêche et de Chasse.*

> Trois dessins au crayon noir, dans le même cadre.

ÉCOLE FRANÇAISE

(XVIIIᵉ siècle)

21 — *Etude de quatre figures sur une même feuille.*

> Dessin à la sanguine.

TABLEAUX MODERNES

BASTIEN LEPAGE

22 — *Paysan se rendant aux champs.*

Un homme, coiffé d'un chapeau de paille, tenant son rateau sur l'épaule, traverse une prairie. Vers le fond, des saules et des peupliers.

Plus loin, un coteau sous un ciel légèrement nuageux. Signé à droite en toutes lettres.

Bois. Haut., 14 cent.; larg., 19 cent.

CAZIN
(J.-C.)

23 — *Étude de paysage.*

Signée à droite en toutes lettres.

Bois. Haut., 17 cent.; larg., 24 cent.

DIAZ

(N.)

24 — *Vue de la forêt de Fontainebleau.*

Au centre, trois grands arbres touffus s'élèvent au bord
d'une mare où un cerf se désaltère. Une biche est couchée
sur l'herbe : au premier plan, quelques rochers. Dans le
fond, une large clairière où se jouent les rayons du soleil.

Signé à droite et daté 57.

Bois. Haut., 12 cent.; larg., 21 cent.

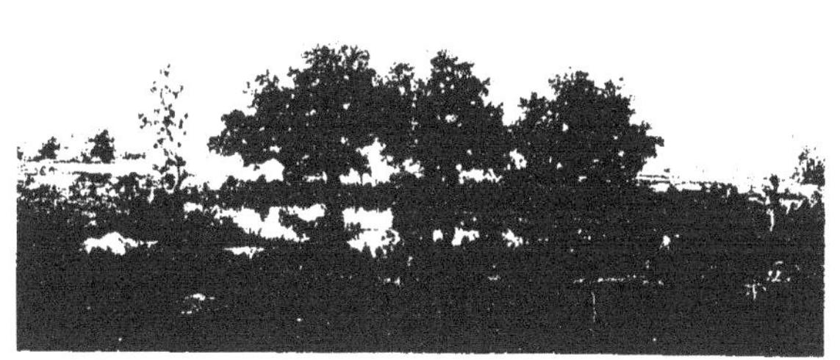

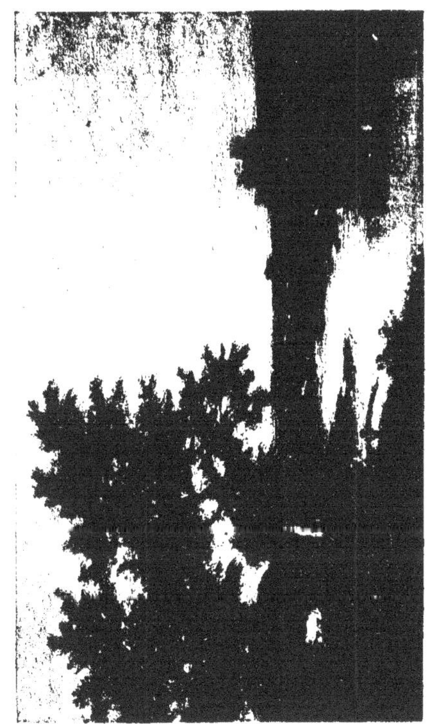

DUPRÉ

(JULES)

25 — *Paysage par un temps d'orage.*

Une rivière étend son cours sinueux sous un ciel tourmenté de nuages.

Dans une barque amarrée près d'un bouquet de saules, un pêcheur retire un filet. A gauche, deux arbres devant une maisonnette couverte de chaume et dont le mur blanc reflète une puissante lumière.

Signé à gauche.

Toile. Haut., 25 cent.; larg., 40 cent.

LÉVY

(HENRI)

26 — *Allégorie de la Paix.*

Importante composition pour plafond.
Signée et datée 1875.
Toile de forme ovale avec coins rectangulaires.

Haut., 4 m. 95 cent.; larg., 3 m. 35 cent.

TSCHAGGENY

(E.)

27 — *Bergère gardant une vache et des moutons.*

Signé et daté : 1856.

Bois. Haut., 63 cent.; larg., 75

ÉCOLE MODERNE

28 — *Étude de paysage.*

Portant à droite le cachet de l'atelier *Maure.*

Bois. Haut., 30 cent.; larg., 44 cent.

TABLEAUX ANCIENS

BASSAN
(JACOPO DA PONTE, dit le VIEUX)

29 — *Le Reniement de Saint Pierre.*

Peinture large, brillant coloris.
Cadre en bois sculpté.

Toile. Haut., 1 m. 46 cent.; larg., 77 cent.

BEAUBRUN
(Attribué à)

30 — *Portrait de Femme.*

Assise, tournée vers la droite, vêtue d'une robe blanche brodée d'or, elle tient un fruit.
Cadre en bois sculpté.

Toile. Haut., 81 cent.; larg., 63 cent.

BELLE

(SIMON)

31 — *La Jeune Musicienne.*

Assise dans un parc, vêtue d'une robe blanche ornée de fleurs découvrant la poitrine et laissant les bras nus jusqu'aux coudes, elle est légèrement tournée vers la gauche, pinçant de la guitare.

Toile. Haut., 1 m. 14 cent.; larg., 84 cent.

BELLIN

(Attribué à JEAN)

32 — *La Vierge et l'Enfant Jésus.*

La Vierge assise, vêtue d'une robe rouge et entourée d'un grand manteau bleu lui couvrant la tête, tient, sur un coussin posé sur ses genoux, l'Enfant Jésus en courte chemise blanche.

Fond de paysage accidenté avec constructions, cours d'eau et pont de pierre.

Cadre en bois sculpté.

Bois. Haut., 71 cent.; larg., 53 cent.

BOILLY
(LOUIS)

33 — *Portrait de Femme.*

Vue à mi-corps, les cheveux bouclés tombant sur le visage, en robe blanche décolletée et châle jaune.
Cadre en bois sculpté.

Bois. Haut., 20 cent.; larg., 17 cent.

BREYDEL
(Le Chevalier CHARLES)

34 — *Le Campement.*

Devant une tente, des soldats font une partie de cartes.

Bois. Haut., 28 cent.; larg., 23 cent.

DAVID
(Attribué à L..)

35 — *Bacchanale.*

Petite frise sur fond d'or.

Bois. Haut., 7 cent.; larg., 40 cent.

DE TROY

(Attribué à J.-F.)

36 — *Portrait de Jeune Femme.*

Assise, tournée de trois quarts à droite, un manteau bleu doublé de soie jaune drapé sur sa jupe blanche.

Des fleurs ornent ses cheveux, son corsage ou sont posées sur ses genoux.

A gauche, un rideau rouge.

Fond de parc.

Cadre en bois sculpté.

Toile. Haut., 1 m. 15 cent.; larg., 89 cent.

EISEN

(FRANÇOIS)

37 — *Amours endormis et appuyés sur un crâne.*

Bois. Haut., 11 cent.; larg., 11 cent.

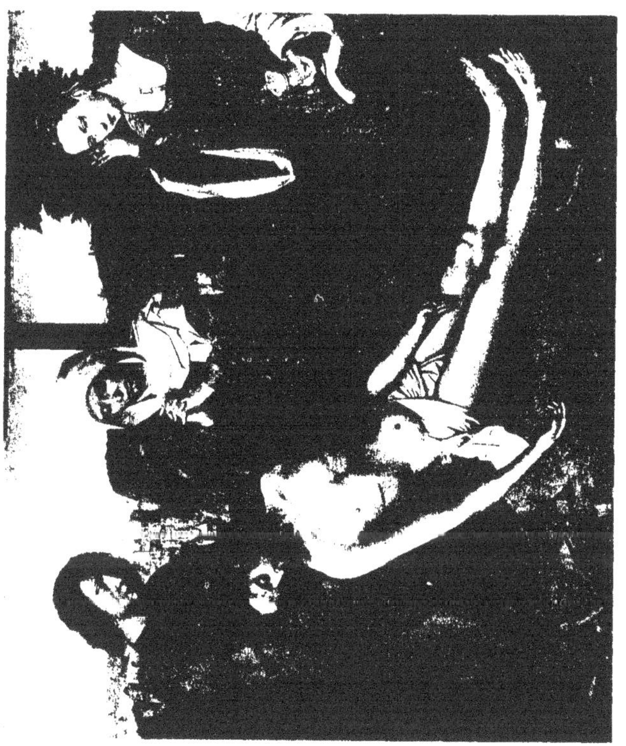

GÉRARD DAVID

(Attribué à)

38 — *Le Christ descendu de la croix.*

Saint Jean, revêtu d'un manteau rouge, soutient par les épaules le corps du Sauveur qui repose sur le sol.

Au centre, la Vierge agenouillée, vêtue d'une ample robe bleue, la tête couverte d'un voile blanc drapé sur l'épaule et les mains jointes.

A droite, Marie-Madeleine, un genou posé à terre, essuie de sa main droite les larmes qui coulent sur son visage ; elle porte une robe tissée d'or à larges manches ; un petit voile couvre ses cheveux blonds ornés d'un bijou ; elle tient dans la main gauche un vase de parfum.

Vers le fond, un rocher abrupte dominant la vallée de Jérusalem ; à l'horizon, les constructions de la ville.

Très beau tableau, d'une remarquable expression et en parfait état de conservation.

Bois. Haut., 54 cent.; larg., 64 cent.

(Collection du cardinal Despuig.)

GOYEN
(JAN VAN)

39 — *Vue de Hollande*.

Sur une large rivière, de nombreux personnages montés
dans un bateau à voile remorquant une barque où se
tiennent deux hommes.

Des canards nagent autour d'une barrique abandonnée
sur l'eau. Un batelier passe, dans un canot, une dame et
deux gentilshommes.

Plus loin, d'autres embarcations.

Des vaches et des chevaux paissent dans la campagne.

Au premier plan et à gauche, une femme est occupée
à traire du lait.

Dans le fond, on aperçoit les clochers d'une grande
ville et de nombreux moulins à vent, sous un ciel
nuageux.

Œuvre importante de l'artiste, de la meilleure qualité
et en excellent état de conservation.

Signée du monogramme et datée : 1650

Cadre en bois sculpté.

Bois. Haut., 65 cent.; larg., 96 cent.

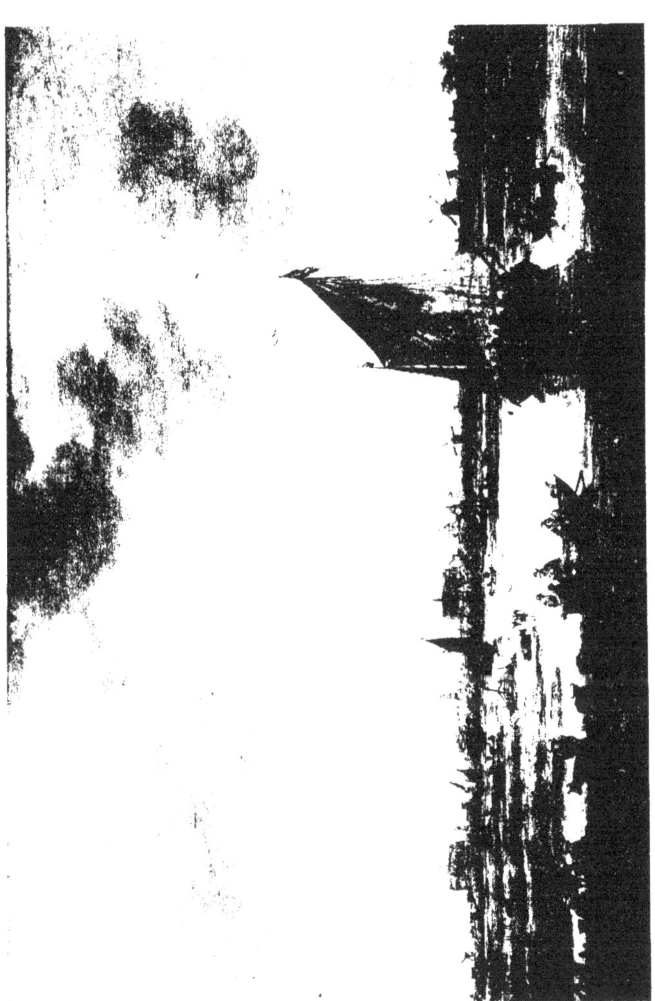

JORDAENS
(Genre de J.)

40 — *Tête de Satyre.*

Cadre en bois sculpté.

Toile. Haut., 40 cent.; larg., 35 cent.

LAJOUE
(Attribué à JACQUES)

41 — *Parc avec fontaine monumentale.*

Cadre en bois sculpté.

Toile. Haut., 3o cent.; larg., 38 cent.

LAMBRECHTS
(A.)

42 — *Les Marchands de légumes.*

Un homme et une femme sont assis près d'une table où sont posés divers légumes, près d'une cruche de grès ou sur un plat de faïence ; d'autres légumes sont tombés à terre.

A gauche, près d'une porte, deux ménagères, l'une en corsage rouge.

Dans le fond et à droite, une femme vue de dos.

Bon petit tableau en parfait état de conservation.

Signé : A. L. et daté 1759.

Cadre en bois sculpté.

Bois. Haut., 33 cent., larg., 25 cent.

LAWRENCE
(D'après Sir THOMAS)

43 — *Portrait présumé du Marquis d'Anglesey.*

Toile. Haut., 61 cent.; larg., 50 cent.

MIGNARD
(École de PIERRE)

44 — *Portrait de Femme.*

Debout, marchant dans un parc, vêtue d'une robe blanche ornée de perles et d'agrafes de pierres précieuses, les cheveux blancs et bouclés pendant sur le dos, tenant d'une main un voile de gaze.

Cadre en bois sculpté.

Toile. Haut., 1 m. 26 cent.; larg., 98 cent.

MIGNARD
(École de PIERRE)

45 — *Portrait de Jeune Femme*

Debout, tenant une flèche et un arc, une écharpe rouge passée sur l'épaule et tombant sur sa robe blanche ornée de bijoux.

Toile. Haut., 1 m. 38 cent.; larg., 92 cent.

MIGNARD
(École de PIERRE)

46 — *Portrait présumé de Mme de Montespan.*

Toile de forme ovale.

Haut., 69 cent.; larg , 57 cent.

MONTAGNA
(BARTHÉLEMY)

47 — *Ecce Homo.*

Bois. Haut., 55 cent.; larg., 42 cent.

NATOIRE

(CHARLES)

48 — *Le Réveil de Vénus.*

La Déesse, nonchalamment assise sur un lit de repos, est entourée de nymphes qui s'occupent des apprêts de sa toilette : à droite, au premier plan, deux amours se lutinent. Près du lit, un vase de fleurs.

Charmante composition d'une grande fraîcheur de coloris.

Signée à gauche et datée 1741.

Cadre en bois sculpté.

Toile. Haut., 95 cent.; larg., 1 m. 25 cent.

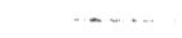

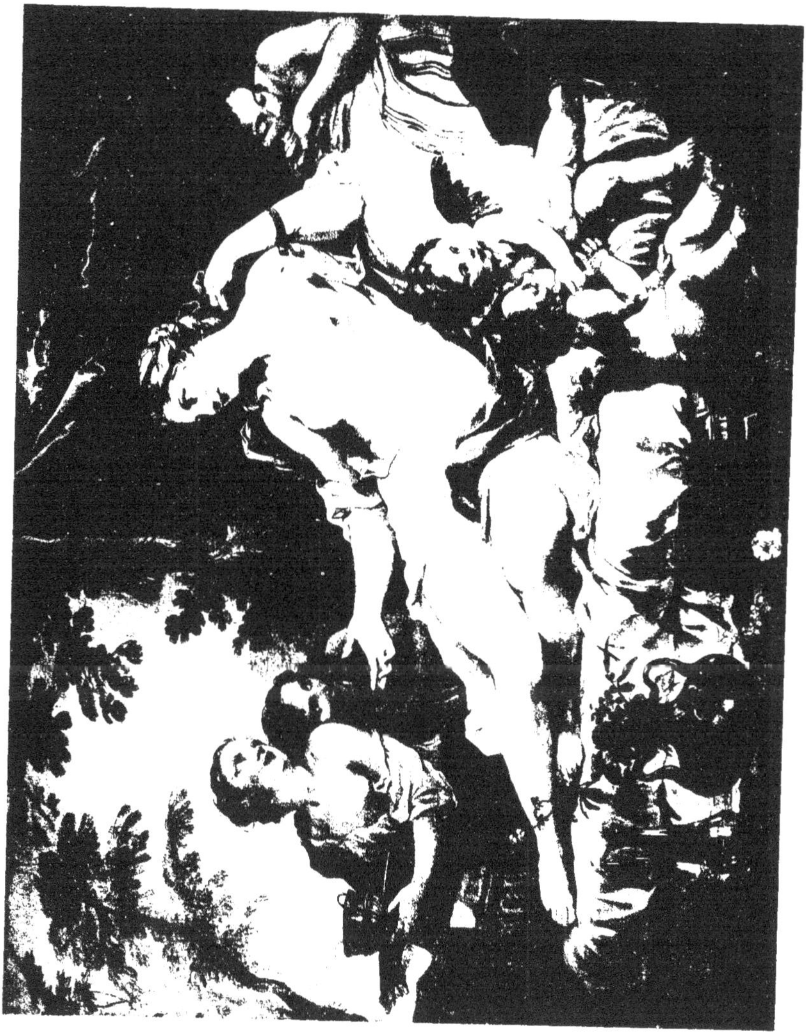

PEDRINI

(JEAN)

49 — *La Madeleine pénitente.*

Vue à mi-corps sous une grotte, les bras croisés, retenant de ses deux mains sur sa poitrine son abondante chevelure.

Devant elle, un crucifix et un vase de parfum.

Dans le fond de la grotte, un crâne.

A droite, un paysage où s'élèvent les remparts d'une ville, dans un site entouré de monts escarpés et animés de plusieurs personnages.

Très intéressant tableau.

Bois. Haut., 67 cent.; larg., 52 cent.

PESNE

(Attribué à ANTOINE)

50 — *Portrait de Femme.*

Toile. Haut., 1 m. 4 cent.; larg., 82 cent.

PORBUS

(Attribué à FRANÇOIS)

51 — *Portrait d'Homme en pourpoint noir.*

Cuivre. Haut., 10 cent.; larg., 30 cent.

4

PORBUS
(École de FRANÇOIS

52   *Portrait d'une Dame de qualité.*

Toile. Haut., 38 cent.; larg., 28 cent.

PRUD'HON
PIERRE-PAUL

53   *Jeune Femme lutinée par des Amours.*

Une nymphe debout près d'une source, une robe rouge
serrée à la taille et flottante sur ses jambes nues, les
cheveux blonds en désordre ornés d'un ruban bleu, la
poitrine et les bras découverts, tenant une urne, jette de
l'eau sur une troupe d'amours qui l'assaillent.
Étude.

Toile. Haut., 26 cent.; larg., 21 cent.

PRUD'HON
(Genre de PIERRE-PAUL

54   *La Danse.*

Dessus de porte.

Toile. Haut., 71 cent.; larg., 1 m. 8 cent.

RAOUX
(JEAN)

55 — *Le Concert.*

Une jeune femme en robe blanche, manteau bleu, coiffée d'une toque rouge, assise près d'une table, joue de la guitare. Deux jeunes garçons sont appuyés sur la table où l'on remarque un tapis frangé d'or et une mandoline, l'un tenant une clarinette, l'autre une partition, écoutant les conseils d'un violoniste debout derrière eux.

Au premier plan, un violoncelle appuyé sur un tabouret couvert de velours rouge.

A gauche et vers le fond, un page soulevant un rideau.

Importante composition d'un bel effet décoratif.

Cadre en bois sculpté.

Toile. Haut., 1 m. 60 cent.; larg., 1 m. 28 cent.

RICCI
(SÉBASTIEN)

56 — *L'Évanouissement d'Esther.*

57 — *Agar dans le désert.*

58 — *Loth et ses filles.*

59 — *Rébecca à la fontaine.*

Quatre compositions décoratives, largement traitées et d'une grande richesse de couleurs.

Toiles de forme ovale.

Haut., 1 m. 19 cent.; larg., 94 cent.

RIGAUD

(École de HYACINTHE)

60 — *Portrait de Femme en robe rouge.*

Cadre en bois sculpté.

Toile. Haut., 72 cent. ; larg., 57 cent.

RUBENS

(Genre de PIERRE-PAUL)

61 — *Le Jugement dernier.*

Peinture en grisaille.

Toile. Haut., 80 cent.; larg., 55 cent.

SCHALL

(Attribué à)

62 — *Jeune Femme cueillant des roses.*

Cadre en bois sculpté.

Bois. Haut., 30 cent.; larg., 23 cent.

´TOURNIÈRES

(ROBERT)

63 — *La Partie de Musique.*

Dans un salon, de forme circulaire, décoré de colonnes, cinq personnages, réunis autour d'une table, chantent ou jouent de divers instruments.

A gauche, un couple assis.

Au fond, une porte ouverte sur un parc.

Au premier plan, une galerie, à demi-éclairée par de hautes fenêtres où l'on remarque un gentilhomme assis, accoudé sur une table couverte d'un tapis, et une fillette debout caressant un chien couché sur un tabouret.

Joli tableau spirituellement exécuté.

Toile. Haut., 72 cent.: larg., 92 cent.

VERROCHIO

(École d'ANDRÉ)

64 — *La Vierge adorant l'Enfant Jésus.*

Vêtue d'une robe rouge plissée, ornée d'un bijou sur la poitrine, en partie couverte par un ample manteau bleu, les cheveux séparés en bandeaux relevés sur les oreilles et pendant en boucle sur la nuque ; la Vierge agenouillée, les mains jointes, regarde l'Enfant assis sur la paille d'une crèche.

Dans le fond, un pan de mur ; et sous un portique, l'âne et le bœuf.

Fond de paysage montagneux.

Bois cintré dans la partie supérieure.

Haut., 95 cent.; larg., 48 cent.

(*Collection du cardinal Despuig.*)

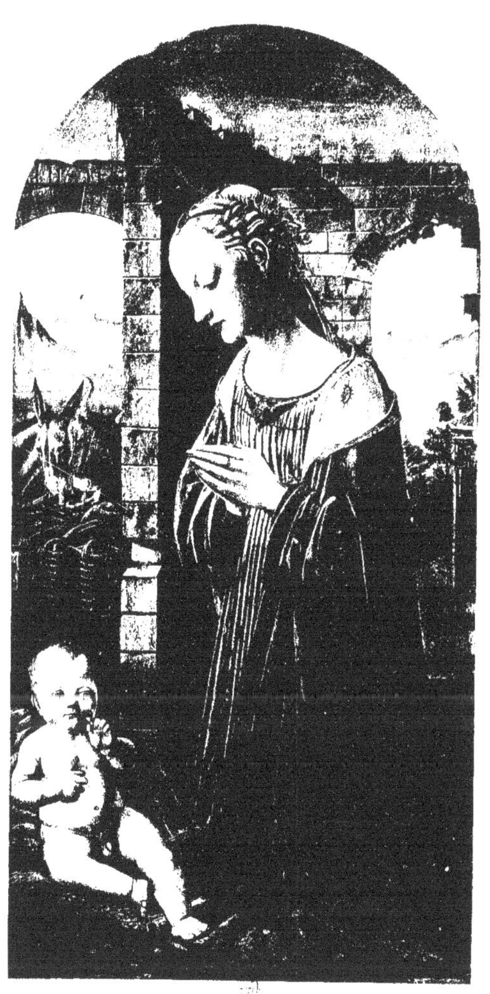

VLIEGER

(Attribué à SIMON)

65 — *Marine par un temps d'orage.*

Des bateaux de pêche fuient la tempête.
A droite, des moulins à vent au milieu de constructions
rustiques.

Bois. Haut., 41 cent.; larg., 38 cent.

VOELCKER

(G.-W.)

66 — *Fleurs et Fruits.*

Des roses, des capucines, une pivoine, un géranium et
d'autres fleurs dans un vase de cristal posé sur une con-
sole de marbre, près d'un plat de pêches.
Signé et daté : 1812.

Toile. Haut., 72 cent.; larg., 50 cent.

ÉCOLE ALLEMANDE

67 — *Portrait d'un Maréchal.*

Toile. Haut., 38 cent.; larg., 31 cent.

ÉCOLE FLAMANDE

(xvie siècle)

68 — *L'Annonciation.*

Cadre en bois sculpté.

Bois. Haut., 31 cent.; larg., 23 cent.

ÉCOLE FRANÇAISE

(xviiie siècle)

69 — *Allégorie de l'Amour.*

Panneau décoratif.

Toile. Haut., 1 m. 75 cent.; larg., 2 m. 25 cent.

ÉCOLE FRANÇAISE

70 — *L'Aurore.*

Gracieuse composition décorative.
Cadre en bois sculpté.

Toile. Haut., 1 m. 42 cent.; larg., 1 m. 11 cent.

ÉCOLE FRANÇAISE

71 — *L'Amour conduit par la Folie.*

Cadre en bois sculpté.

Toile. Haut., 1 m. 28 cent.; larg., 94 cent.

ÉCÓLE HOLLANDAISE

XVIIᵉ siècle

72 — *Les Quatre Saisons.*

Représentées par des enfants jouant dans la campagne. Des guirlandes de fleurs et de fruits ornent la partie supérieure de la composition.

Quatre panneaux décoratifs.

Toiles. Haut., 2 m. 20 cent.; larg., 76 cent.

73 — *Gibier mort pendu dans des parcs.*

Deux panneaux décoratifs.

Toiles. Haut., 2 m. 20 cent.; larg., 76 cent.

ÉCOLE ITALIENNE
xviii° siècle

74 — *Portrait d'un Artiste.*

Vu à mi-corps, sa palette à la main, les cheveux pendants, coiffé d'une toque noire et drapé dans un manteau rose.

Cadre en bois sculpté.

Toile. Haut., 80 cent.; larg., 64 cent.

ÉCOLE ITALIENNE

75 — *Trois figures d'anges, en buste.*

Peinture sur fond d'or; fragment de retable.

Bois. Haut., 38 cent.; larg., 1 m. 46 cent.

ÉCOLE OMBRIENNE

76 — *La Vierge et l'Enfant Jésus.*

La Vierge, en robe rouge et manteau bleu, soutient d'une main l'Enfant Jésus debout sur un balcon de pierre, portant autour de la taille un voile de gaze.

Fond de paysage.

Bois. Haut., 33 cent.; larg., 25 cent.

77 — Sous ce numéro, seront vendus les tableaux ou dessins non catalogués.

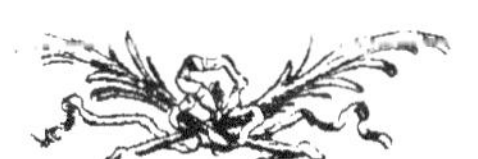